BEI GRIN MACHT SICH IHR WISSEN BEZAHLT

- Wir veröffentlichen Ihre Hausarbeit,
  Bachelor- und Masterarbeit

- Ihr eigenes eBook und Buch -
  weltweit in allen wichtigen Shops

- Verdienen Sie an jedem Verkauf

Jetzt bei www.GRIN.com hochladen
und kostenlos publizieren

Bibliografische Information der Deutschen Nationalbibliothek:

Die Deutsche Bibliothek verzeichnet diese Publikation in der Deutschen National-
bibliografie; detaillierte bibliografische Daten sind im Internet über http://dnb.d-
nb.de/ abrufbar.

Impressum:

Copyright © 2013 GRIN Verlag, Open Publishing GmbH
Druck und Bindung: Books on Demand GmbH, Norderstedt Germany
ISBN: 9783668216570

Dieses Buch bei GRIN:

http://www.grin.com/de/e-book/322430/sufismus-im-islam-mystik-handlungsweisen-
und-besonderheiten

Anonym

Sufismus im Islam. Mystik, Handlungsweisen und Besonderheiten

Ein Kurzüberblick

GRIN Verlag

GRIN - Your knowledge has value

Der GRIN Verlag publiziert seit 1998 wissenschaftliche Arbeiten von Studenten, Hochschullehrern und anderen Akademikern als eBook und gedrucktes Buch. Die Verlagswebsite www.grin.com ist die ideale Plattform zur Veröffentlichung von Hausarbeiten, Abschlussarbeiten, wissenschaftlichen Aufsätzen, Dissertationen und Fachbüchern.

Besuchen Sie uns im Internet:

http://www.grin.com/

http://www.facebook.com/grincom

http://www.twitter.com/grin_com

Inhaltsverzeichnis

Einleitung

In dieser Hausarbeit wird das Thema Sufiorden aus meinem Referat aufgegriffen. Neben diesem Schwerpunkt wird aber auch der Sufismus im Allgemeinen dargestellt. Die Ausgangsfrage dreht sich darum, was Sufismus überhaupt ist. Wie ist er entstanden, welche Ziele werden verfolgt und welche Entwicklung hat er vollzogen? Die Hausarbeit ist in verschiedene Abschnitte gegliedert. Zu Beginn soll beleuchtet werden, was unter Sufismus oder unter einem Sufi zu verstehen ist. Anschließend werden die Entstehungsgeschichte und die Entwicklung des Sufismus dargestellt. Der Schwerpunkt liegt allerdings bei den Sufiorden und Bruderschaften. Eine Leitfrage - die ich nach der Literaturrecherche zu beantworten versuche - ist, warum es viele Gegner der Sufisten gibt und warum in manchen Ländern die Orden und Bruderschaften gar verboten sind.

Was ist Sufismus?

„Das Geheimnis schützt sich selbst". Dieser Sufi-Satz zeigt das Problem auf, den Sufismus zu beschreiben und zu erklären.[1] Sihombing vergleicht die Fülle des Sufismus mit der eines Ozeans.[2] Für die Forschung ist es schwierig, über den Sufismus Aussagen zu treffen. Das Problem besteht darin, dass historische Fakten bei dem Sufismus in der Überlieferung keine tragenden Rollen spielen, sondern lediglich die Botschaft des Sufismus anerkannt wird.[3] Wenn ein westlicher Außenstehender versucht, den Sufismus zu durchdringen, ergeben sich ganz automatisch viele Probleme und Barrieren. Zuerst muss er den Islam verstehen und durchdringen, was einem Fremden nicht leicht gemacht wird.[4] Erst danach kann er sich dem Sufismus zuwenden.

Eine einfache Erklärungsmöglichkeit des Sufismus ist, ihn als die innere Dimension des Islams zu bezeichnen.[5] Aber im Detail gibt es bei dem Sufismus, wie in jeder mystischen Strömung von einer Weltreligion, unzählige verschiedene kleine Abzweigungen und Facetten. Der Sufismus ist weit von den islamisch vorgeschriebenen rituellen For-

---

[1] Vgl. Hodgson 1984: 153.
[2] Vgl. Sihombing 2012: 61.
[3] Vgl. Schimmel 2008: 9.
[4] Vgl. Hodgson 1984: 153.
[5] Vgl. Schimmel 2008: 7.

men entfernt und kann als etwas Ekstatisches angesehen werden.[6] Nach Azyumardi Azra, einem islamischen Gelehrten aus Indonesien, stellt Sufismus einen esoterischen und inneren Aspekt im Islam dar, welcher durch einen äußeren und exotischen Aspekt von dem Islam zu unterscheiden ist.[7] „Sufismus" geht auf das Wort „suf", welches „Wolle" übersetzt heißt, zurück. Eine zweite Theorie besagt, dass das Wort vom griechischen „sophos" - Weisheit oder vom arabischen „safa" - Reinheit abstammen könnte.[8] Was suchen die doch so unterschiedlichen Anhänger des Sufismus? Allen gemeinsam ist, dass sie am Ende nicht intellektuelles Wissen, sondern existentielle Erfahrung erlangen wollen. Durch Geschriebenes könne nicht ans Ziel gekommen werden. Vielmehr komme es auf den inneren Sinn der geschriebenen Worte an.[9] Das Ziel ist die Erkenntnis und Erleuchtung des Einzelnen.[10] Wichtig ist, dass jeder ein Sufi werden kann, egal welcher Bildung und Nationalität er ist. Das Zentrum und Ziel ist nämlich immer dasselbe: Das Wissen der absoluten Einheit Gottes zu erlangen.[11] Yilmaz versucht, den Sufismus mit zehn Definitionsversuchen zu erklären:

1) Sufismus ist Weltverzicht (zuhd)

2) Sufismus ist gute Moral (aÌlÁq)

3) Sufismus ist die Reinheit des Herzens (taÒfiya al-qalb)

4) Sufismus ist der Kampf mit den Trieben (tazkiya an-nafs)

5) Sufismus ist die Lebensweise nach der Rechtleitung des Korans (istiqÁma)

6) Sufismus ist die völlige Hingabe an Gott (rabbÁnÐ)

7) Sufismus ist das Aufgehen in Gott (wuÒÙl ilÁ AllÁh)

8) Sufismus ist der Geist des Islam (al-ÎayÁt ar-rÙÎiyya)

9) Sufismus ist die Lehre des Verborgenen (Ýilm al-bÁÔin)

10) Sufismus ist die Lehre der göttlichen Mysterien (al-Ýilm al-ladunnÐ)

---

[6] Vgl. Sihombing 2012: 61.
[7] Vgl. Sihombing 2012: 74.
[8] Vgl. Schimmel 2008: 17.
[9] Vgl. Schimmel 2008: 9.
[10] Vgl. Martin 1984: 166.
[11] Vgl. Sihombing 2012: 61

Entstehungsgeschichte

Die Wurzeln des Sufismus liegen im Islam.[12] Aus dem Bedürfnis vieler Frommer nach einem spirituellen Islam und dem Wunsch einer innigen Vereinigung mit Gott ist der Sufismus entstanden.[13] Grund dafür war die rasante Ausbreitung des Islam zur Zeit der ersten Kalifen. Es wurde Reichtum angehäuft und eine Art von Dekadenz entstand. Durch die Angst, die islamischen Ideale zu verlieren, entstanden im 8. Jahrhundert die ersten asketischen Bewegungen und Gemeinschaften, welche als die Vorgänger der Sufisten bezeichnet werden können.[14] Die ersten Ansätze von Bruderschaften und Orden gehen bis ins 12. Jahrhundert zurück. Abu Nadschib as-Suhrawardi, ein frommer Iraner, verfasste ein Buch über das Verhalten von Jüngern und Ideale sufistischen Verhaltens. Sein Neffe, Abu Hafs Omar as- Suhrawardi, war es allerdings dann, der eine Gruppe um sich versammelte und dessen Buch „Gnadengaben der Erkenntnisse" zu einem Standardwerk des Sufismus wurde.[15] Als Gründer der Sufi-Bewegung wird Hasan al Basri angesehen, welcher die erste Schule in Basra im Irak gründete. Von ihm stammt auch der überlieferte Satz, welcher den Sufismus gut beschreibt: „Wer Gott kennt, liebt ihn, wer die Welt kennt, entsagt ihr!". Die drei ersten Orden sind der Qadiriya, welcher 1135 gegründet wurde, der Rifaiya, der 1150 in Bagdad gegründet wurde und der dritte Orden formte sich 1240 mit dem Namen Ahmadiya. Diese drei Orden gelten für alle anderen nachfolgenden Sufiorden als wegweisend. So ist der Qadiriya-Orden heute einer am weit verbreitetsten der ganzen Sufiorden.[16] Das Ordenswesen breitete sich im 10. – 12. Jahrhundert noch stärker und weiter aus. Eine etwas gewagte Begründung dafür besagt, dass diese Zuflucht in Orden lediglich ein Ausweg und eine Flucht aus dem Krieg in eine irreale Welt sei.[17] Im 12. und 13. Jahrhundert verbreitete sich die Bewegung im ganzen islamischen Reich. Dieser Zeitraum war auch das goldene Zeitalter und die Blütezeit.[18] Neben den Kontakten zu christlichen Eremiten sind auch buddhistische Einflüsse nachzuweisen. Aber auch mystische, gnostische und hermetische Gedanken werden bei der Entstehung des Sufismus eine

---

[12] Vgl. Schimmel 2008: 7.
[13] Vgl. Sihombing 2012: 72
[14] Vgl. Frei 1998: http://www.relinfo.ch/sufismus/info.html.
[15] Vgl. Schimmel 2008: 75.
[16] Vgl. Schweizer 2007: 166.
[17] Vgl. Schimmel 2008: 80.
[18] Vgl. Frei 1998: http://www.relinfo.ch/sufismus/info.html.

Rolle gespielt haben, obwohl diese schwer nachzuweisen sind, da sie nirgends nieder-geschrieben wurden.[19] Der Prophet Muhammad ist die höchste Instanz der Sufisten. Darunter folgt bei den meisten Sufisten Ali ibn Abi Talib, Vetter und Schwiegersohn Muhammads.[20] Eine weitere Möglichkeit, die Geschichte des Sufismus darzustellen, ist die Einteilung in Epochen, welche selbst von den Sufis vorgenommen wurden. Das ers-te Zeitalter wird als „Askese" betitelt. Im Anschluss die Epoche des „Sufismus" und danach der Abschnitt „wahdat al-wugud", was mit Lehre des Seins übersetzt werden kann. Die letzten beiden Phasen sind die Zeit der Ordensgemeinschaften und die Zeit der Moderne.[21]

Besondere Praktiken

Die unterschiedlichen Gruppen des Sufismus entwickelten außergewöhnliche und für den Sufismus typische Praktiken. Eine einfache Definition beschreibt denjenigen als Sufisten, der das Gleichnishafte hinter sich lässt und sich auf die Wirklichkeit einlässt.[22] Eine ungeheure Gewissenhaftigkeit wurde den frühen Sufisten nachgesagt. Das Ritual-gebet wurde sehr intensiv vollzogen und eine starke Enthaltsamkeit gegenüber Schla-fen, Essen und Sprechen wurde zum Zeichen der Sufisten. So gehen die Regeln der Sufisten über die der normalen Muslimen weit hinaus. Neben dem Verzicht auf Schweinefleisch und Alkohol wird auf alles verzichtet, was anzuzweifeln ist. Dies be-deutet, es wird versucht, so korrekt wie möglich zu handeln.[23] Als Beispiel wäre zu nennen, dass es zweifelhaft ist, Fleisch von einem Lamm zu essen, wenn nicht genau bekannt ist, ob das Lamm nicht irgendwann unberechtigterweise auf einer fremden Wiese gegrast hat.[24] Ein wichtiger Teil der sufistischen Erziehung war es, die Seele zu beobachten, denn die Seele ist zumeist negativ konnotiert. Ein Ziel war es, die Seele der Sufisten durch ihre korrekte Lebensweise von einer bösartigen in eine friedvolle umzuwandeln.[25] Das Aussehen der ersten Sufisten ist auch als sonderbar einzustufen.

---

[19] Vgl. Schimmel 2008: 17.
[20] Vgl. Schimmel 2008: 22.
[21] Vgl. Günnes 2012: 1.
[22] Vgl. Sihombing 2012: 75.
[23] Vgl. Schimmel 2008: 18.
[24] Vgl. Ebd.
[25] Vgl. Schimmel 2008: 19.

Abendländische Reisende im 17. und 18. Jahrhundert beschreiben sie als spärlich bekleidete, mit Tierfellen und großen Ohrringen bestückte Gestalten. Seltsame Kopfbedeckungen, Bettelschale und Brandmale prägten ihr Äußeres. Diese Beschreibung geht auf John P. Brown und sein Buch „The Dervishes" aus dem Jahre 1868 zurück.[26] In der damaligen Zeit galten sie als Aussteiger aus der Gesellschaft, Verrückte und an religiösen Regeln Uninteressierte. Oftmals wurde ihnen auch die Abhängigkeit zu Opium und anderen Drogen nachgesagt. Für europäische Außenstehende waren diese Beschreibungen das Einzige, was sie mit Sufisten verbanden, was sehr negativ konnotiert war.[27] Die brüderliche Liebe ist eine sehr wichtige Vorschrift des Sufismus. Gutes sollte des Bruders Willen getan werden. Andere sollten sich selber vorgezogen werden und sein Ansehen um des Mitmenschen wegen aufgegeben werden.[28] Was es für die Forschung auch sehr schwierig macht, den Sufismus zu durchdringen, ist die Verwendung von Reimen und stark rhythmischen Formen. Bei der Übersetzung der mystischen Texte gehen allerdings genau diese Besonderheiten verloren und somit auch zahlreiche verborgene Anspielungen.[29] Allen Orden war und ist heute noch gemein, dass an jedem Donnerstagabend das traditionelle Gebetsritual „Dhikr" durchgeführt wurde. Dieses Ritual ist allerdings auch von Orden zu Orden unterschiedlich gestaltet und durchgeführt worden. Im folgenden Unterkapitel soll auf die Musik, Literatur und den Tanz im Sufismus eingegangen werden.

Tanz, Literatur und Musik im Sufismus

Der Tanz wird nicht nur als Vergnügen angesehen sondern dient auch dazu, den Körper gesund und fit zu halten. Außerdem wird ein guter Körperumgang erlangt. Tanz und Musik ist eine wichtige Ausdrucksquelle für Dinge, die nicht in Worte zu fassen sind.[30] Auch hier ist ein Unterschied zu dem traditionellen Islam zu erkennen. Dort ist Musik und Tanz nämlich untersagt, da es zu sehr die Aufmerksamkeit von Gott ablenke. Aber auch in der Musik und dem Tanz gibt es Unterschiede unter den Orden, denn nicht in

---

[26] Vgl. Schimmel 2008: 90.
[27] Vgl. Ebd.
[28] Vgl. Schimmel 1984: 139.
[29] Vgl. Sihombing 2012: 62.
[30] Vgl. Sihombing 2012: 79.

allen Sufi-Orden sind Musik und Tanz erlaubt.[31] Als ein Beispiel ist der Mevlevi-Orden zu nennen. Die Ordensmitglieder drücken ihren Glauben mit einem kreisenden Tanz aus, welcher sie auch in eine Art Ekstase versetzt.

Quelle: Deutschlandradio 2012: „Tanzende Sufis – Mevlevi Orden".
http://www.deutschlandradiokultur.de/media/thumbs/7/7dd9e52f3ca1cb602b0c5bfb4756b8a3v2_max
_429x322_b3535db83dc50e27c1bb1392364c95a2.jpg.

Die Verbreitung des Sufismus war stark von Sufi-Texten abhängig und der Sufismus hat viel zur islamischen Sprachbildung beigetragen. Häufig wurden Texte und Botschaften in Poesie ausgedrückt.[32] Daneben sind aber auch Prosa, Epos, Satire, Anekdoten, Briefe und Kommentare zu finden.[33] Ziel war es, die Botschaften für das Volk verständlich zu machen, wobei allerdings die meisten Bürger Analphabeten waren. So wurden die Botschaften in den Sprachen des Volkes verfasst. Es entstanden aus dieser Poesie langsam die Literatursprachen. Auf diese Weise sind viele indische Sprachen entstanden und erhalten geblieben.[34] Thematisch gesehen handeln die Texte von Mystik, Frömmigkeit und Askese. Die beiden Hauptthemen sind allerdings die Liebe und die Einzigkeit Gottes.

Gebäude der Sufis

Als die Bruderschaften und Orden entstanden und gewachsen sind, haben sich auch die Räumlichkeiten verändert. Das Privathaus oder der Laden des Meisters reichte

---

[31] Vgl. Sihombing 2012: 80.
[32] Vgl. Sihombing 2012: 82.
[33] Vgl. Sinhombing 2012: 83.
[34] Vgl. Ebd.

nicht mehr aus, um der wachsenden Anzahl von Schülern Platz zu bieten. In östlichen islamischen Gebieten und in Ägypten wurden diese Zentren „khanqah" genannt. Als „Zawiya", was übersetzt Winkel heißt, wurden kleinere Einheiten bezeichnet.[35] Von den Türken wurde ein Sufi-Konvent „tekke" oder „ribat" genannt. Meistens waren die Sufi-Zentren einer Moschee angeschlossen. Auch gab es oft eine Küche, welche für Schüler und Gäste Essen bereitstellte. Im gleichen Komplex hat sich oftmals auch die Grabesstätte des Ordensgründers befunden. Manchmal kam es vor, dass eine Schule angeschlossen war.[36] In einigen „khanqahs" lebten die Schüler in kleinen Zellen. In anderen Orden gab es lediglich einen großen Raum, in welchem alle zusammen lebten, arbeiteten und studierten. Auch in Hinsicht auf die Öffentlichkeit gab es sehr große Unterschiede in den Orden. Manche Orden hatten für Gäste immer eine offene Tür. In anderen Orden gab es strikte Besuchsregeln. Der Meister lebte auch in dem Komplex. Meist wohnte er mit seiner Familie in einer Ecke des Gebäudes und hatte strikte Zeiten, wann die Treffen mit seinen Schülern stattfanden.[37]

Im Folgenden ist das Beispiel der „khanqah" aus Konya in der Türkei abgebildet. In dieser „khanqah" lebten die Schüler in kleinen Zellen und hatten somit einen Rückzugsort und auch ein gewisses Maß an Privatleben.

Quelle: „Mevlana Müzesi in Konya". http://www.etkihaber.com/images/news/160857.jpg.

---

[35] Vgl. Schimmel 1984: 142.
[36] Vgl. Ebd.
[37] Vgl. Schimmel 1984: 143.

Mystik im Sufismus

Der Sufismus vereinigt alle Formen islamischer religiöser Richtungen und ist somit sehr offen.[38] Gott wird von fast allen Sufis durch das Wort „Wirklichkeit" beschrieben. Allah ist für die Sufis die absolute Person. Der Prophet Muhammad gilt als das eigentlich wahre Ziel der Schöpfung bei den Sufis und zu ihm führen auch alle Wurzeln zurück. Die überlieferten Taten Muhammads werden den Sufis zur Nachahmung empfohlen.[39] Schimmel geht so weit und schreibt, dass Sufismus der allgemein akzeptierte Name für die islamische Mystik sei.[40] Sufistische Mystik sei eine Art von Wirklichkeitserfahrung.

Bruderschaften und Orden

Die Bezeichnungen Orden und Bruderschaften initiieren ein eher falsches Bild. Ein Zusammenschluss von Sufisten ist eine Gruppe, die sich um ihren Meister gruppiert, welcher versucht, seine Ideale zu verwirklichen, seine Anhänger lehrt und unterweist.[41] Dennoch leben sie nicht nach dem Zölibat und sie leben auch nicht immer zusammen. Darüber hinaus haben sich die Orden auch erweitert. Neben dem Meister und den engen Jüngern sind weitere Menschen dem Orden beigetreten, welche den Lehren des Meisters folgen und seine Hilfe in Anspruch nehmen wollen. Dennoch wohnen diese nicht im Orden, sondern führen ein normales Leben. Lediglich Gebete und Rituale des Ordens führen sie zuhause durch und nehmen an manchen Gebeten unmittelbar im Orden teil.[42] In den Ordenskreis wird man per Handschlag des Meisters aufgenommen. Zu der Einweihung bekommt man einen Flickenrock, „chirqa" genannt, und je nach Orden eine Kopfbedeckung. Bei manchen Orden gibt es noch einen Rosenkranz und eine Bettlerschale.[43] Dennoch ist in jeder Bruderschaft und in jedem Orden eines gemeinsam: An oberster Stelle steht der Meister des Ordens. Das Oberhaupt des Ordens wird „Pir" oder „Schaich" genannt. Jeder Orden hat eine lange Tradition und einige weisen diese sogar bis zu dem Propheten Muhammad zurück. Meist führt diese

---

[38] Vgl. Sihombing 2012: 66.
[39] Vgl. Sihombing 2012: 67f.
[40] Vgl. Sihombing 2012: 72.
[41] Vgl. Schimmel 2008: 69.
[42] Vgl. Schimmel 2008: 70.
[43] Vgl. Schimmel 2008: 68.

Stammbaumlinie über Ali, manchmal auch über Abu Bakr, den ersten Nachfolger Muhammads.[44] Es gibt allerdings auch rein geistige Orden ohne realen Meister. Der Meister ist schon verstorben und führt seine Schüler, welche als „Murid" bezeichnet werden, im Traum oder in Visionen. Solche Orden werden als „Uwaisi" bezeichnet. „Uwaisi" geht auf den jemenitischen Hirten Uwais al-Qarani zurück, welcher zur Zeit Muhammads Muslim wurde, ohne den Propheten selbst jemals gesehen zu haben. Wichtig ist auch, dass der Meister außergewöhnlich stark von seinen Anhängern verehrt wird. So wird er im Plural angesprochen und auch nach seinem Tod wird an seinem Todestag ein Fest für ihn veranstaltet.[45] An sein Grab kommen Gläubige und hängen Stofffetzen auf, äußern Wünsche und beten.[46] Die unterschiedlichen Orden sind nicht wirklich miteinander vernetzt. Lediglich in Ägypten organisiert ein Amt über 60 Bruderschaften, wodurch den Orden ein rechtlicher Status zugeschrieben wird.[47] Die Sufi-Orden überzogen das komplette osmanische Reich und auch einige Sultane waren in einem oder mehreren Orden Mitglieder.[48] Die Macht des Meisters im Sufi-Orden wurde immer größer. Das Problem dabei war, dass das Amt des Meisters mit der Zeit vererbbar wurde. Dies bedeutet, Macht und Vermögen wurden weitervererbt, aber der wahre Geist leider nicht immer. Natürlich ist und war das nicht immer der Regelfall.[49] Den Orden und Bruderschaften ist es allerdings zu verdanken, dass der Sufismus zu einer Massenbewegung geworden ist. Dies hat aber auch dazu geführt, dass die einst hohen Ziele des klassischen Sufismus stark reduziert und weltlicher gemacht wurden.[50] Ein weiterer Fakt ist, dass durch die Attraktivität und die Anpassungsfähigkeit die Orden perfekte Reformatoren für den Islam waren. Teile Indiens, Indonesiens und Afrikas wurden durch hartnäckige Sufi-Prediger islamisiert.[51] Das folgende Kapitel beschäftigt sich mit der Verehrung des Ordensmeisters.

---

[44] Vgl. Ebd.
[45] Vgl. Schimmel 2008: 70.
[46] Vgl. Schimmel 1984: 148.
[47] Vgl. Schimmel 2008: 100.
[48] Vgl. Schimmel 2008: 84.
[49] Vgl. Schimmel 2008: 99.
[50] Vgl. Schimmel 1984: 149.
[51] Vgl. Schimmel 1984: 150.

Sufimeister

Wie zuvor schon beschrieben, weisen die meisten Ordensmeister einen langen Stammbaum auf, welcher oft bis zum Propheten zurückreicht. In dem Orden sind sie das Oberhaupt und werden von ihren Anhängern verehrt. Diese Verehrung geht allerdings auch nach ihrem Tod weiter. Die Grabesstätten werden zu Wallfahrtsstätten, denn an dem Ort soll es laut den Gläubigen heilende Kräfte, „baraka", geben.[52] Die Gläubigen pilgern zu den heiligen Orten, da sie glauben, dass ein Teil dieser „baraka" auf Gegenstände und Menschen übergehen kann. Alles was sich länger an und bei dem Grab befindet, dem wird „baraka" zugeschrieben. So wird zum Todestag des verstorbenen Meisters die „kiswa", die Tuchbedeckung des Grabes, erneuert. Die alte wird zerschnitten und unter den Gläubigen verteilt, welche diese oft als Amulett verwenden. Der Staub und die Erde rund um das Grab werden oft für medizinische Zwecke verwendet.[53] Die nachfolgende Abbildung zeigt eine „kiswa".

Quelle: „Kiswa". http://i66.servimg.com/u/f66/15/16/45/98/21094_10.jpg.

Sufismus heute

Heute gibt es große und meist breit gefächerte Sufi-Orden. Dennoch ist das Verhältnis zwischen dem Meister und seinen Jüngern sehr eng, genau wie schon zu früherer Zeit.[54] Auch heute sind die meisten Orden nicht miteinander in Verbindung und nicht miteinander vernetzt. Im Allgemeinen muss gesagt werden, dass in den letzten Jahrzehnten in der islamischen Welt die Anzahl der Bruderschaften zurückgegangen ist.[55] Im Westen haben sich in den letzten Jahrzehnten viele Bewegungen aus dem Sufismus

---

[52] Vgl. De Jong 1989: 495.
[53] Vgl. De Jong 1989: 496.
[54] Vgl. Schimmel 2008: 22.
[55] Vgl. De Jong 1989: 498.

gebildet oder sind vom Sufismus geprägt worden. Als Beispiel sei hier die Gruppe der „philosophia perennis" genannt. Diese Gruppierung lehnt das säkularisierte Leben strikt ab.[56] Ein weiterer Weg des Sufismus ist in der Psychologie zu finden. Viele heutige Sufi Führer sind in der Psychologie geschult.[57] Durch die Literatur ist der Sufismus dem Westen ein wenig näher gebracht worden. Heute verteilen sich die Sufi-Orden auch im Westen. So sind in Deutschland die „Naqschbandis" stark vertreten. Neben Einführungskursen in „dhikr" werden längere Seminare angeboten und auch die orientalische Musik führt in den Sufismus ein.[58] Es gibt aber auch immer mehr sogenannte „spirituelle Zirkel", welche in exotischer Kleidung Gesänge und Tänze praktizieren. Auf den ersten Blick könnten sie dem Sufismus zugeschrieben werden, was sie aber meistens nicht sind. Solche spirituellen Gesänge und Rituale spielen in authentischen Sufi-Gemeinschaften keine alltägliche Rolle.[59] Heute sind über siebzig offizielle Sufi-Orden bekannt.[60]

Im nachfolgenden und letzten Kapitel wird versucht, die Frage zu beantworten, aus welchen Gründen es Gegner der Sufisten gibt und warum in manchen Ländern die Orden gänzlich verboten sind.

Gegner der Sufisten

Dem Sufismus wird nicht immer positiv gegenübergestanden. Viele sunnatreue Muslime lehnen den Sufismus ab und in einigen Ländern sind die Orden verboten. Ein Problem sind die Sufi-Meister oder Sufi-„Schaichs". Diese sind als Vorbilder für die Gläubigen anzusehen. Das Problem dabei ist, dass im Islam ein Vermittler zwischen Gott und Mensch, also Priester allgemein, verboten sind.[61] Somit müssten streng genommen auch die „Schaichs" verboten sein, da sie Mittler zwischen Mensch und Gott sind. Es gibt weiterhin einige eher heidnische Bräuche, welche dem strengen monotheistischen Gläubigen gar nicht gefallen.[62] Von der islamisch orthodoxen Geistlichkeit wurden die

---

[56] Vgl. Schimmel 2008: 101.
[57] Vgl. Schimmel 2008: 102.
[58] Vgl. Schimmel 2008: 104.
[59] Vgl. Martin 1984: 165.
[60] Vgl. Frei 1998: http://www.relinfo.ch/sufismus/info.html.
[61] Vgl. Schimmel 2008: 21.
[62] Vgl. Schimmel 2008: 73.

Sufis sehr kritisch angesehen und zum Teil auch verfolgt. Dem Sufismus wurde neben der Vermittlerrolle zwischen Mensch und Gott Gräberkult, Heiligenverehrung sowie Wunder- und Zauberglaube vorgeworfen. Dies seien auch die Gründe, weshalb sie den reinen Islam verraten hätten.[63] Ein weiterer Punkt ist, dass von diesen Orden sehr viel Macht ausgeht. Auch wenn die meisten Orden nicht untereinander vernetzt sind, haben sie einen gewissen Einfluss auf die Menschen und zum Teil auch politische Macht. In Albanien, Tunesien, Saudi Arabien und in der Türkei wurden die Orden verboten.[64] Als Grund kann auch der Einflussreichtum der Orden auf die Menschen und die politische Macht angenommen werden. In den letzten Jahrzehnten sind die Orden und Bruderschaften in der islamischen Welt stark zurückgegangen. Die Orden haben sich gewandelt und verändert. Gründe dafür gibt es zahlreiche. Soziale und wirtschaftliche Einstellungen haben sich durch westliche Einflüsse geändert.[65] Eine Veränderung der Orden hat sich vielleicht auch durch die Verbote ergeben. Auch heute noch praktizieren Bruderschaften in der Türkei ihre Rituale, obwohl die Orden eigentlich verboten sind. Aber es wird oftmals öffentlich praktiziert und geduldet. Zum Teil kann es allerdings „nur" noch als Touristenshow angesehen werden.

Fazit

Es ist sehr schwer, den Sufismus zu beschreiben und zu erläutern. Festzuhalten ist, dass der Sufismus eine breite Strömung mit sehr vielen verschiedenen Zweigen ist. Dabei sind diese Zweige von sehr unterschiedlicher Natur. Allen gemeinsam ist, dass sie nach der Erleuchtung jedes Einzelnen suchen, welche nur durch existielle Erfahrungen gefunden werden kann.[66] Auch im Ordenswesen ist es schwer, Verallgemeinerungen zu treffen. Jeder Orden hat individuelle Traditionen und Bräuche. Lediglich die Hierarchie im Orden zwischen Meister und Schüler ist in allen Bruderschaften gemein anzusehen. Die Bruderschaften sind immer wieder auf Gegner gestoßen, da viele Muslime, besonders in der Position des Meisters, ein Problem im islamischen Gesetz sehen. Im Islam darf es nämlich keinen Mittler zwischen Mensch und Gott geben. Durch

---

[63] Vgl. Sihombing 2012:86.
[64] Vgl. De Jong 1989: 499.
[65] Vgl. Ebd.
[66] Vgl. Martin 1984: 166.

den großen Einfluss der Orden und auch die politische Macht wurden die Orden in einigen Ländern verboten.[67] Dennoch können auch heute in unserer westlichen Welt Sufi-Bruderschaften gefunden werden. Auch muss im Hinterkopf behalten werden, dass durch den Sufismus der Islam als Religion stark verbreitet und viele Gebiete der Erde reformiert wurden.[68] Die Orden an sich haben dazu beigetragen, dass der Sufismus zu einer Massenbewegung geworden ist, wobei die einst hohen Ziele des Sufismus auf die Masse angepasst und weltlicher gemacht wurden.[69]

---

[67] Vgl. De Jong 1989: 499.
[68] Vgl. Schimmel 1984: 150.
[69] Vgl. Schimmel 1984: 149.

Literaturverzeichnis

ANGHA, NADAR; OVEYSSI, PIR (2000): Sufismus. Die Brücke zwischen den Religionen. Hamburg.

DE JONG, F. (1989): Die mystischen Bruderschaften und der Volksislam. In: Ende, Werner; Steinbach, Udo: Der Islam in der Gegenwart. München.

DEUTSCHLANDRADIO (2012): „Tanzende Sufis – Mevlevi Orden". http://www.dradio.de/dkultur/sendungen/religionen/1692384/ (letzter Zugriff: 14.01.13).

FREI, ANDREAS (1998): Sufismus allgemein: http://www.relinfo.ch/sufismus/info.html (letzter Zugriff: 14.11.2012).

GÜNES, MERDAN (2012): Begriffliche Entwicklung des Sufismus. In: Weber, Edmund: Journal für Religionskultur. Nr. 158 2012. Frankfurt am Main.

GÜNES, MERDAN (2012): Zuhd (Askese): Anfangsphase des Sufismus. In: Weber, Edmund: Journal für Religionskultur. Nr.160 2012. Frankfurt am Main.

HODGSON, A.M. (1984): Der Große Sufi- Weg. In: Martin, Bruno: Der Sufi-Weg heute. Fulda.

MARTIN, BRUNO (1984): Gegenwärtige Sufi-Aktivitäten im Westen. In: Martin, Bruno: Der Sufi-Weg heute. Fulda.

SCHIMMEL, ANNEMARIE (2008): Sufismus. Eine Einführung in die islamische Mystik. München.

SCHIMMEL, ANNEMARIE (1984): Sufi-Orden und –Bruderschaften. In: Martin, Bruno: Der Sufi-Weg heute. Fulda.

SCHIMMEL, ANNEMARIE (1992): Mystische Dimensionen des Islam. Die Geschichte des Sufismus. München.

SCHWEIZER, GERHARD (2007): Der Unbekannte Islam. Sufismus – die religiöse Herausforderung. Stuttgart.

SIHOMBING, APELIFTEN CHRISTIAN B. (2012): : Mystik und Dialog der Religionen. Ein Vergleich mystischen Denkens im Protestantismus, im Sufismus und in der Kebatinan und seine Bedeutung für den interreligiösen Dialog in Indonesien. Berlin.